POESIAS DE MIGUEL HERNANDEZ

POESIAS DE MIGUEL HERNANDEZ

COLECCION
Poesía

EDITORES MEXICANOS UNIDOS, S. A.
L. GONZALEZ OBREGON No. 5-B
MEXICO 1, D. F.

© **Editores Mexicanos Unidos, S. A.**
Miembro de la Cámara Nacional
de la Industria Editorial. Reg. No. 115

1a. Reimpresión Junio 1996.

La presentación y composición tipográficas
son propiedad de los editores.
ISBN 968-15-0313-9
Impreso en México
Printed in Mexico

PRÓLOGO

Por las laderas de las montañas que rodean Orihuela, en Alicante, donde los pastores cuidan sus cabras, donde el horizonte campesino enrojece sus sueños al atardecer, vibra a veces en el silencioso paisaje el recuerdo de un poeta que, como los pastores, sabía herir el aire con su silbido.

Miguel Hernández —el poeta de la patria, el amor, y la muerte— fue un hombre de pueblo, "el más puro y verdadero", al decir de Vicente Aleixandre, "el más real de todos", que sufrió, vivió y amó apasionadamente, con toda la gran fuerza de su ser. Amó la poesía que vibra en todo el universo: en su gente, en su tierra, en su mujer, en su hijo que murió y en el que estaba por venir, en el paisaje, en la ternura, en la belleza; en los clásicos —sus antepasados— que su querido amigo Ramón Sijé le acercara: Lope, Garcilaso, Quevedo, Góngora, Calderón. Amó la vida desesperadamente y amó a su España. Y cuando la guerra civil extendió su negro brazo ensangrentado, él marchó al frente republicano y cantó sus poemas a los soldados. Entonces el sufrimiento se hizo gigantesco: sufrió la cárcel hasta la muerte, sufrió por su primer hijo, sufrió la miseria de su mujer y sufrió por la patria que había soñado y que veía desmoronarse. Toda

5

la obra de Miguel Hernández es el nítido reflejo de esta vida.

Nacido en 1910, hijo de pastores, estudió en el colegio jesuíta de Santo Domingo y puso carga a su inspiración y vocación poética en las reuniones de amigos que, como él, gustaban de la poesía. Tenía en ese entonces 16 años y el joven, culto y talentoso Ramón Sijé comandaba el grupo.

A los 20 años Miguel Hernández publicó sus primeros versos en periódicos y revistas de Orihuela. Ya acusaba en estos poemas su fácil manejo del ritmo y de la rima y la influencia de los poetas románticos y post-románticos del siglo XIX. Después de esta experiencia, decide probar suerte en Madrid. En este primer viaje a la gran ciudad, Miguel fracasa en su intento de hacer publicar allí sus poemas. Vuelve a su pueblo natal. Sigue escribiendo y, para ganarse el pan de cualquier forma, entra a trabajar en una notaría. Conoce entonces a Josefina Manresa, empleada de un taller de costura. Es la mujer que amará para siempre. Uno de sus sonetos primeros marca el comienzo de este amor: "Ser onda, oficio, niña, es tu pelo". La frescura y la maravillosa simplicidad con que Miguel Hernández describe el amor, en el que todos los hombres y mujeres del mundo ven reflejado el suyo, le ha dado a su obra grandeza y trascendencia universales.

El amor de Josefina le da mayor seguridad. Después de terminar "Quién te ha visto y quién te ve" y "Sombra de lo que eras", escribe los primeros poemas de "El silbo vulnerado". Y con todo ese bagaje de amor y creatividad emprende un nuevo viaje a Madrid. Esta vez será para consagrarse. Pronto traba amistad allí con otros poetas: José Bergamín, que dirige entonces la revista "Cruz y Raya" en la que aparece "Quién te ha visto y quién te ve", publicación que le abrirá muchos caminos. Conoce también a García Lorca, Aleixandre, Alberti, Altolaguirre, Pablo Neruda.

6

"El rayo que no cesa", publicado en 1936 es la consagración definitiva de Miguel Hernández. En ese momento la guerra civil sorprende al poeta en Madrid. Miguel se incorpora al ejército republicano. Lucha en las trincheras mientras lee versos suyos a los combatientes. De vez en cuando escapa a Orihuela a ver a Josefina, con la que se casa en plena guerra. En 1938 nace el primer hijo que muere a los pocos meses y en 1939, ya próximo el fin de la guerra, le nace otro. Dos nuevos libros de poesía han brotado en medio de la lucha entre la vida y la muerte: "Viento del pueblo" y "El hombre acecha". En ellos el amor a su mujer y a sus hijos trasciende más allá, hasta su gente en lucha, hasta su España herida y toca la continuidad de la vida, las raíces de lo infinito:

"Para el hijo será la paz que estoy forjando.
Y al fin en un océano de irremediables huesos,
tu corazón y el mío naufragarán quedando
una mujer y un hombre gastados por los besos".

Testimonio fiel de su vida y su lucha es la obra de Miguel Hernández; de la persecución del franquismo y el dolor de su España desgarrada:

"Es sangre, no granizo, lo que azota mis cienes.
Son dos años de sangre: son dos inundaciones.
Sangre de acción solar, devoradora vienes,
hasta dejar sin nadie y ahogados los balcones".

de la crueldad de las prisiones:

"Las cárceles se arrastran por la humedad del mundo,
van por tenebrosa vía de los juzgados:

7

buscan a un hombre, buscan a un pueblo, lo persiguen
lo absorben, se lo tragan'';

del tormento:

"Acumular la piedra y el niño para nada,
para vivir sin nada oscuramente un día.
Pirámide de sol temible y limitada
sin fuego ni frescura.
No. Vuelve, vida mía";
Libre soy, siénteme libre.
Sólo por amor''.

de la muerte presentida:

"Cantando espero la muerte,
que hay ruiseñores que cantan
encima de los fusiles
y en medio de las batallas''.

Su canto viajó por las venas ardientes de su pueblo y se
prendió para siempre. Su voz clara y potente cantó a la
naturaleza, al amor, a la soledad, a los recuerdos de la infan-
cia, a la lucha por la vida y por la libertad, vibrando él
entero en ese canto. Y al igual que Federico García Lorca,
su poeta preferido, transitó el sendero trágico que recorrie-
ron los mejores poetas de España durante la guerra civil:
unos el exilio, otros la muerte.

En una madrugada triste de 1942, en una prisión de
Alicante, cuando sólo tenía 32 años y su canto seguía libre,
atravesando las rejas, para dar al mundo toda su potencia,
fuerza y luz, murió de tuberculosis Nadie pudo cerrar sus
ojos desmesuradamente abiertos, prendidos a la vida que
tanto amó, mirando un cielo por fin sin muros:

"No, no hay cárcel para el hombre.
No podrán atarme, no.
Este mundo de cadenas me es pequeño y exterior.
¿Quién encierra una sonrisa?
¿Quién amuralla una voz?
A lo lejos tú, más sola
que la muerte, la una y yo.
A lo lejos tú, sintiendo
en tus brazos mi prisión,
en tus brazos donde late la libertad de los dos.
Libre soy, siénteme libre.
Sólo por amor".

de PERITO EN LUNAS

(1933)

ODA AL VINO

A lluvia de calor, techo de parras;
a reposo de pino,
actividad de avispas y cigarras
en el sarmiento fino,
cuerda de pompas y sostén de vino.

Morada episcopal, la cepa nimia,
bajo la luz levante,
en situación se pone de vendimia,
luciendo a cada instante
racimos en estado interesante.
India del grano, asociación del lujo,
vinícola paisaje,
como un Mediterráneo sin reflujo,
ni flujo ni oleaje,
sólo esplendor y espuma de ramaje.

Pronto se besarán en la banasta,
nido por coincidencia,
hasta que diga el pie bailable: ¡basta!
las uvas: concurrencia,
asiduidad de peso y transparencia.

Les concede sazón en su mañana
la Virgen del Carmelo:
pronto la ubre oro y la de grana
enviscarán el suelo
de moscatel y tinto caramelo.

Al vino ya la tumba de madera
le prepara su fondo;
el vaso su torreón, su vinajera
la misa, el cáliz mondo:
¡triunfo y consagración de lo redondo!

Lo calzarán las botas, a las cuales,
si aspecto da, despega:
latidos de las vides y costales,
palpitación y entrega
al archivo mayor de la bodega.

Subterráneo pantano de los vinos,
y camposanto oscuro
con cruz de grifo y muertos extrafinos,
como un dulce seguro
de fontanas de pino y vino puro.

¡Qué agrado será allí verle cubierto,
hacerse espeso anciano,
impedido de árbol como el muerto,
redondo como el grano,
pistola, por el grifo, herir la mano!

Llave del vino, sexo que atraganta
la mano tabernera:
grifo corriente, y no, freno que canta
y calla, y no, y espera,
y sangra geometrías de madera.

¡Qué regalo beberlo con aroma
y calidad de higo,
sobre carácter de panal y goma,
y un cirineo amigo
buscar para el error, la duda digo!

Líquidamente rubios, genuflexos,
como los amarantos
y las corbatas, tornará los sexos,
y hará doctores, ¿cuántos?,
consultores de esquinas y de cantos.

Como si fuera el Santo Sacramento
lo alzaré en los manteles,
o el Espíritu Santo del tormento
en figura de mieles,
o la Transformación de los claveles.

Calentará como un rojo solsticio
el hueso de mi frente,
y seré, con su carga, sin mi juicio,
no el yo de diariamente,
sí otro loco mejor y diferente.

SER ONDA, OFICIO, NIÑA,
ES DE TU PELO

Ser onda, oficio, niña, es de tu pelo,
nacida ya para el marero oficio;
ser graciosa y morena tu ejercicio
y tu virtud más ejemplar ser cielo.

¡Niña!, cuando tu pelo va de vuelo,
dando del viento claro un negro indicio,
enmienda de marfil y de artificio
ser de tu capilar borrasca anhelo.

No tienes más que hacer que ser hermosa,
ni tengo más festejo que mirarte,
alrededor girando de tu esfera.

Satélite de ti, no hago otra cosa,
si no es una labor de recordarte...
—¡Date presa de amor, mi carcelera!

DESPUES DE UN GOLPE DE AGUA NECESARIO

Después de un golpe de agua necesario
al pan que avaloró la barbechera,
en una principiante primavera
el mundo vuelve al día originario.

Un religioso aroma de incensario
hace la rama, el surco y la ladera,
y es la vida más dulce que una pera,
y todo crece más que de ordinario.

Gotea el aire miel y mansedumbre,
y el ojo del pastor y el campesino
despeja a gozos su visión sombría.

¡Qué esbelta y renovada está la cumbre!
El cielo, amor, el cielo nos previno
para después de un llanto una alegría.

A MI GRAN JOSEFINA ADORADA

Tus cartas son un vino
que me trastorna y son
el único alimento
para mi corazón.

Desde que estoy ausente
no sé sino soñar,
igual que el mar tu cuerpo,
amargo igual que el mar.

Tus cartas apaciento
metido en un rincón
y por redil y hierba
les doy mi corazón.

19

Aunque bajo la tierra
mi amante cuerpo esté,
escríbeme, paloma,
que yo te escribiré.

Cuando me falte sangre
con zumo de clavel,
y encima de mis huesos
de amor cuando papel.

COPLA

La cantidad de mundos
que con los ojos abres,
que cierras con los brazos.
La cantidad de mundos
que con los ojos cierras,
que con los brazos abres.

CASI NADA

Manantial casi fuente; casi río
fuente; ya casi mar casi río apenas;
mar casi-casi océano de frío,
Principio y Fin del agua y las arenas.

Casi azul, casi cano, casi umbrío,
casi cielo salino con antenas,
casi diafanidad, casi vacío
casi lleno de arpones y ballenas.

Participo del ave por el trino;
por la proximidad, polvo, del lodo
participas, desierto, del oasis,

distancia de la vena del camino:
por la gracia de Dios —¡ved!—, casi todo,
Gran-Todo-de-la-nada de los casis.

de EL SILBO VULNERADO

(1934)

¡Y QUE BUENA ES LA TIERRA DE MI HUERTO!

¡Y qué buena es la tierra de mi huerto! :
hace un olor a madre que enamora,
mientras la azada mía el aire dora
y el regazo le deja pechiabierto.

Me sobrecoge una emoción de muerto
que va a caer al hoy en paz, ahora,
cuando inclino la mano horticultora
y detrás de la mano el cuerpo incierto.

¿Cuándo caeré, cuándo caeré al regazo
íntimo y amoroso, donde halla
tanta delicadeza la azucena?

Debajo de mis pies siento un abrazo,
que espera francamente que me vaya
a él, dejando estos ojos que dan pena.

PARA CUANDO ME VES

Para cuando me ves tengo compuesto,
de un poco antes de esta venturanza,
un gesto favorable de bonanza
que no es, amor, mi verdadero gesto.

Quiero decirte, amor, con sólo esto,
que cuando tú me das a la olvidanza,
reconcomido de desesperanza
¡cuánta pena me cuestas y me cuesto!

Mi verdadero gesto es desgraciado
cuando la soledad me lo desnuda,
y desgraciado va de polo a polo.

Y no sabes, amor, que si tú el lado
mejor conoces de mi vida cruda,
yo nada más soy yo cuando estoy solo.

ME TIRASTE UN LIMON

Me tiraste un limón, y tan amargo,
con una mano rápida, y tan pura,
que no menoscabó su arquitectura
y probé su amargura sin embargo.

Con el golpe amarillo, de un letargo
pasó a una desvelada calentura
mi sangre, que sintió la mordedura
de una punta de seno duro y largo.

Pero al mirarte y verte la sonrisa
que te produjo y el limonado hecho,
a mi torpe malicia tan ajena,

se me durmió la sangre en la camisa,
y se volvió el poroso y áureo pecho
una picuda y deslumbrante pena.

UMBRIO POR LA PENA

Umbrío por la pena, casi bruno,
por que la pena tizna cuando estalla,
donde yo no me hallo no se halla
hombre más apenado que ninguno.

Pena con pena y pena desayuno,
pena es mi paz y pena mi batalla,

perro que ni me deja ni se calla,
siempre a su dueño fiel, pero importuno.
Cardos, penas, me oponen su corona,
cardos, penas, me azuzan sus leopardos
y no me dejan bueno hueso alguno.

No podrá con la pena mi persona
circundada de penas y de cardos. . .
¡Cuánto penar para morirse uno!

SABE TODO MI HUERTO

Sabe todo mi huerto a desposado,
que está el azahar haciendo de las suyas
y va el amor de píos y de puyas
de un lado de la rama al otro lado.

Jugar al ruy-señor enamorado
quisiera con mis ansias y las tuyas,
cuando de sestear, amor, concluyas
al pie del limonero limonado.

Dando besos al aire y a la nada,
voy por el andador donde la espuma,
se estrella del limón intermitente.

¡Qué alegría ser par, amor, amada,
y alto bajo el ejemplo de la pluma,
y qué pena no serlo eternamente!

UNA QUERENCIA

Una querencia tengo por tu acento,
una apetencia por tu compañía
y una dolencia de melancolía
por la ausencia del aire de tu viento.

Paciencia necesita mi tormento,
urgencia de tu amor y galaníá,
clemencia de tu voz la tuya mía
y asistencia el estado en que lo cuento.

¡Ay querencia, dolencia y apetencia! :
me falta el aire tuyo, mi sustento,
y no sé respirar, y me desmayo.

Que venga, Dios, que venga de su ausencia
a serenar la sien del pensamiento
que me mata con un eterno rayo.

30

DESPUES DE HABER CAVADO

Después de haber cavado este barbecho,
me tomaré un descanso por la grama
y beberé del agua que en la rama
aumenta su frescura en mi provecho.

Me huele todo el cuerpo a recienhecho
por el jugoso fuego que lo inflama:
cunde la creación y se derrama
a mi mucha fatiga como un lecho.

Se tomará un descanso el hortelano
y aliviará sus penas, combatido
por el viento y el sol de un tiempo manso.

Y otra vez, inclinado cuerpo y mano,
seguirá ante la tierra perseguido
por la sombra del último descanso.

FUERA MENOS PENADO

Fuera menos penado, si no fuera
nardo tu tez para mi vista, nardo,
cardo tu piel para mi tacto, cardo,
tuera tu voz para mi oído, tuera.

Tuera es tu voz para mi oído, tuera,
y ardo en tu voz y en tu alrededor ardo,
y tardo a arder lo que a ofrecerte tardo
miera, mi voz para la tuya, miera.

Zarza es tu mano si la tiento, zarza,
ola tu cuerpo si lo alcanzo, ola,
cerca una vez, pero un millar no cerca.

Garza es mi pena, esbelta y negra garza,
sola, como un suspiro y un ay, sola,
terca en su error y en su desgracia terca.

UNA INTERIOR CADENA

Una interior cadena de suspiros
al cuello llevo crudamente echada,
y en cada ojo, en cada mano, en cada
labio dos riendas fuertes como tiros.

Cuando a la soledad de estos retiros
vengo a olvidar tu ausencia inolvidada,
por medio de un poquito, que es por nada,
vuelven mis pensamientos a sus giros.

Alrededor de ti, muerto de pena,
como pájaros muertos los extiendo
y en tu memoria pacen poco a poco.

Y angustiado desato la cadena,
y la voz de las riendas desoyendo,
por el campo del llanto me desboco.

TE ME MUERES

Te me mueres de casta y de sencilla. . .
Estoy convicto, amor, estoy confeso
de que, raptor intrépido de un beso,
yo te libé la flor de la mejilla.

Yo te libé la flor de la mejilla,
y desde aquel dulcísimo suceso,
tu mejilla, de escrúpulo y de peso,
se te cae deshojada y amarilla.

El fantasma del beso delincuente
el pómulo te tiene perseguido,
cada vez más patente, negro y grande.

Y sin dormir, amor, celosamente,
me vigilas la boca ¡con qué cuido!
para que no se vicie y se desmande.

TENGO ESTOS HUESOS HECHOS A LAS PENAS

Tengo estos huesos hechos a las penas
y a las cavilaciones estas sienes:
pena que vas, cavilación que vienes
como el mar de la playa a las arenas.

Como el mar de la playa a las arenas,
voy en este naufragio de vaivenes,
por una noche oscura de sartenes
redondas, pobres, tristes y morenas.

Nadie me salvará de este naufragio
si no es tu amor, la tabla que procuro,
si no es tu voz, el norte que pretendo.

Eludiendo por eso el mal presagio
de que ni en ti siquiera habré seguro,
voy entre pena y pena sonriendo.

YO SE QUE VER Y OIR

Yo sé que ver y oír a un triste enfada,
cuando se viene y va de la alegría,
como un mar meridiano a una bahía
esquiva, cejijunta y desolada.

Lo que he sufrido y nada, todo es nada,
para lo que me queda todavía
que sufrir, el rigor de esa agonía
de abocarme y ver piedra en tu mirada.

Me callaré, me apartaré (si puedo),
con mi pena constante, instante, plena,
adonde ni has de oírme ni he de verte.

Me voy, amor, me voy, pero me quedo,
pero me voy, desierto y sin arena.
Adiós, amor; adiós hasta la muerte.

POR TU PIE LA BLANCURA

Por tu pie, la blancura más bailable
donde cesa en diez partes tu hermosura,
una paloma sube a tu cintura,
baja a la tierra un nardo interminable.

Con tu pie vas poniendo lo admirable
del nácar en ridícula estrechura,
y a donde va tu pie va la blancura,
perro sembrado de jazmín calzable.

A tu pie, tan espuma como playa,
arena y mar, me arrimo y desarrimo
y al redil de su planta entrar procuro.

Entro y dejo que el alma se me vaya
por la voz amorosa del racimo:
pisa mi corazón que ya es maduro.

EL TORO SABE

El toro sabe al fin de la corrida,
donde prueba su chorro repentino,
que el sabor de la muerte es el de un vino
que el equilibrio impide de la vida.

Respira corazones por la herida
desde un gigante corazón vecino,
y su vasto poder de piedra y pino
cesa debilitado en la caída.

Y como el toro tú, mi sangre astada,
que el cotidiano cáliz de la muerte,
edificado con un turbio acero,

vierte sobre mi lengua un gusto a espada
diluida en un vino espeso y fuerte
desde mi corazón donde me muero.

¿RECUERDAS AQUEL CUELLO?

¿Recuerdas aquel cuello, haces memoria
del privilegio aquel, de aquel aquello
que era, almenadamente blanco y bello,
una almena de nata giratoria?

Recuerdo y no recuerdo aquella historia
de marfil expirado en un cabello,
donde aprendió a ceñir el cisne cuello
y a vocear la nieve transitoria.

Recuerdo y no recuerdo aquel cogollo
de estrangulable hielo femenino
como una lacteada y breve vía.

Y recuerdo aquel beso sin apoyo
que quedó entre mi boca y el camino
de aquel cuello, aquel beso y aquel día.

LA MUERTE, TODA LLENA DE AGUJEROS

La muerte, toda llena de agujeros
y cuernos de su mismo desenlace,
bajo una piel de toro pisa y pace
un luminoso prado de toreros.

Volcánicos bramidos, humos fieros
de general amor por cuanto nace,
a llamaradas echa mientras hace
morir a los tranquilos ganaderos.

Ya puedes, amorosa fiera hambrienta,
pastar mi corazón, trágica grama,
si te gusta lo amargo de su asunto.

Un amor hacia todo me atormenta
como a ti, y hacia todo se derrama
mi corazón vestido de difunto.

MIS OJOS SIN TUS OJOS

Mis ojos, sin tus ojos, no son ojos,
que son dos hormigueros solitarios,
y son mis manos sin las tuyas varios
intratables espinos a manojos.

No me encuentro los labios sin tus rojos,
que me llenan de dulces campanarios,
sin ti mis pensamientos son calvarios
criando cardos y agostando hinojos.

No sé qué es de mi oreja sin tu acento,
ni hacia qué polo yerro sin tu estrella,
y mi voz sin tu trato se afemina.

Los olores persigo de tu viento ito
y la olvidada imagen de tu huella,
que en ti principia, amor, y en mí termina.

YA SE DESEMBARAZA

Ya se desembaraza y se desmembra
el angélico lirio de la cumbre;
y al desembarazarse da un relumbre
que de un puro relámpago me siembra.

Es el tiempo del macho y de la hembra,
y una necesidad, no una costumbre,
besar, amar en medio de esta lumbre
que el destino decide de la siembra.

Toda la creación busca pareja:
se persiguen los picos y los huesos,
hacen la vida par todas las cosas.

En una soledad impar que aqueja,
yo entre esquilas sonantes como besos
y corderas atentas como esposas.

LLUVIOSOS OJOS

Lluviosos ojos que lluviosamente
me hacéis penar: lluviosas soledades,
balcones de las ruedas tempestades
que hay en mi corazón adolescente.

Corazón cada día más frecuente
en para idolatrar criar ciudades
de amor que caen de todas mis edades
babilónicamente y fatalmente.

Mi corazón, mis ojos sin consuelo,
metrópolis de atmósfera sombría
gastadas por un río lacrimoso.

Ojos de ver y no gozar el cielo,
corazón de naranja cada día,
si más envejecido, más sabroso.

POR DESPLUMAR ARCANGELES

Por desplumar arcángeles glaciales,
la nevada lilial de esbeltos dientes
es condenada al llanto de las fuentes
y al desconsuelo de los manantiales.

Por difundir su alma en los metales,
por dar el fuego al hierro sus orientes,
al dolor de los yunques inclementes
lo arrastran los herreros torrenciales.

Al doloroso trato de la espina,
al fatal desaliento de la rosa
y a la acción corrosiva de la muerte

arrojado me veo, y tanta ruina
no es por otra desgracia ni otra cosa
que por quererte y sólo por quererte.

COMO EL TORO HE NACIDO PARA EL LUTO

Como el toro he nacido para el luto
y el dolor, como el toro estoy marcado
por un hierro infernal en el costado
y por varón en la ingle con un fruto.

Como el toro lo encuentra diminuto
todo mi corazón desmesurado,
y del rostro del beso enamorado,
como el toro a tu amor se lo disputo.

Como el toro me crezco en el castigo,
la lengua en corazón tengo bañada
y llevo al cuello un vendaval sonoro.

Como el toro te sigo y te persigo,
y dejas mi deseo en una espada,
como el toro burlado, como el toro.

¿NO CESARA ESTE RAYO?

¿No cesará este rayo que me habita
el corazón de exasperadas fieras
y de fraguas coléricas y herreras
donde el metal más fresco se marchita?

¿No cesará esta terca estalactita
de cultivar sus duras cabelleras
como espadas y rígidas hogueras
hacia mi corazón me muge y grita?

Este rayo ni cesa ni se agota:
de mí mismo tomó su procedencia
y ejercita en mí mismo sus furores.

Esta obstinada piedra de mí brota
y sobre mí dirige la insistencia
de sus lluviosos rayos destructores.

ME LLAMO BARRO

Me llamo barro aunque Miguel me llame.
Barro es mi profesión y mi destino
que mancha con su lengua cuanto lame.

49

Soy un triste instrumento del camino.
Soy una lengua dulcemente infame
a los pies que idolatro desplegada.

Como un nocturno buey de agua y barbecho
que quiere ser criatura idolatrada,
embisto a tus zapatos y a sus alrededores,
y hecho de alfombras y de besos hecho
tu talón que me injuria beso y siembro de flores.

Coloco relicarios de mi especie
a tu talón mordiente, a tu pisada,
y siempre a tu pisada me adelanto
para que tu impasibie pie desprecie
todo el amor que hacia tu pie levanto.

Más mojado que el rostro de mi llanto,
cuando el vidrio lanar del hielo bala,
cuando el invierno tu ventana cierra
bajo a tus pies un gavilán de ala,
de ala manchada y corazón de tierra.

Bajo a tus pies un ramo derretido
de humilde miel pataleada y sola,
un despreciado corazón caído
en forma de alga y en figura de ola.

Barro en vano me invisto de amapola,
barro en vano vertiendo voy mis brazos
barro en vano te muerdo los talones,
dándote a malheridos aletazos
sapos como convulsos corazones.

Apenas si me pisas, si me pones
la imagen de tu huella sobre encima,
se despedaza y rompe la armadura
de arrope bipartido que me ciñe la boca
en carne viva y pura,
pidiéndote a pedazos que la oprima
siempre tu pie de liebre libre y loca..

Su taciturna nata se arracima,
los sollozos agitan su arboleda
de lana cerebral bajo tu paso.
Y pasas, y se queda
incendiando su cera de invierno ante el ocaso,
mártir, alhaja y pasto de la rueda.

Harto de someterse a los puñales
circulantes del carro y la pezuña,
teme del barro un parto de animales
de corrosiva piel y vengativa uña.

Teme que el barro crezca en un momento,
teme que crezca y suba y cubra tierna,
tierna y celosamente
tu tobillo de junco, mi tormento,
teme que inunde el nardo de tu pierna
y crezca más y ascienda hasta tu frente.

Teme que se levante huracanado
del blando territorio del invierno
y estalle y truene y caiga diluviado
sobre tu sangre duramente tierno.

Teme un asalto de ofendida espuma
y teme un amoroso cataclismo.

Antes que la sequía lo consuma
el barro ha de volverte de lo mismo.

TU CORAZON, UNA NARANJA HELADA

Tu corazón, una naranja helada
con un dentro sin luz de dulce miera
y una porosa vista de oro: un fuera
venturas prometiendo a la mirada.

Mi corazón, una febril granada
de agrupado rubor y abierta cera,
que sus tiernos collares te ofreciera
con una obstinación enamorada.

¡Ay, qué acontecimiento de quebranto
ir a tu corazón y hallar un hielo
de irreductible y pavorosa nieve!

Por los alrededores de mi llanto
un pañuelo sediento va de vuelo
con la esperanza de que en él lo abreve.

ELEGIA

(En Orihuela, su pueblo y el mío, se me ha muerto como del rayo Ramón Sijé, a quien tanto quería.)

Yo quiero ser llorando el hortelano
de la tierra que ocupas y estercolas,
compañero del alma, tan temprano.

Alimentando lluvias, caracolas
y órganos mi dolor sin instrumento,
a las desalentadas amapolas

daré tu corazón por alimento.
Tanto dolor se agrupa en mi costado,
que por doler me duele hasta el aliento.

Un manotazo duro, un golpe helado,
un hachazo invisible y homicida,
un empujón brutal te ha derribado.

No hay extensión más grande que mi herida,
lloro mi desventura y sus conjuntos
y siento más tu muerte que mi vida.

Ando sobre rastrojos de difuntos,
y sin calor de nadie y sin consuelo
voy de mi corazón a mis asuntos.

Temprano levantó la muerte el vuelo,
temprano madrugó la madrugada,
temprano estás rodando por el suelo.

No perdono a la muerte enamorada,
no perdono a la vida desatenta,
no perdono a la tierra ni a la nada.

En mis manos levanto una tormenta
de piedras, rayos y hachas estridentes
sedienta de catástrofe y hambrienta.

Quiero escarbar la tierra con los dientes,
quiero apartar la tierra parte a parte
a dentelladas secas y calientes.

Quiero minar la tierra hasta encontrarte
y besarte la noble calavera
y desamordazarte y regresarte.

Volverás a mi huerto y a mi higuera:
por los altos andamios de las flores
pajareará tu alma colmenera

de angelicales ceras y labores.
Volverás al arrullo de las rejas
de los enamorados labradores.

Alegrarás la sombra de mis cejas,
y tu sangre se irá a cada lado
disputando tu novia y las abejas.

Tu corazón, ya terciopelo ajado,
llama a un campo de almendras espumosas
mi avariciosa voz de enamorado.

A las aladas almas de las rosas
de almendro de nata te requiero,
que tenemos que hablar de muchas cosas,
compañero del alma, compañero.

                                    (10 de enero de 1936)

ELEGIA

*(En Orihuela, su pueblo y el mío se ha que-
dado novia por casar la panadera de pan más
trabajado y fino, que le han muerto la pareja
del ya imposible esposo.)*

Tengo ya el alma ronca y tengo ronco
el gemido de música traidora. . .
Arrímate a llorar conmigo a un tronco:

retírate conmigo al campo y llora
a la sangrienta sombra de un granado
desgarrado de amor como tú ahora.

Caen desde un cielo gris desconsolado,
caen ángeles cernidos para el trigo
sobre el invierno gris desocupado.

Arrímate, retírate conmigo:
vamos a celebrar nuestros dolores
junto al árbol del campo que te digo.

Panadera de espigas y de flores,
panadera lilial de piel de era,
panadera de panes y de amores.

No tienes ya en el mundo quien te quiera,
y ya tus desventuras y las mías
no tienen compañera, compañera.

Tórtola compañera de sus días,
que le dabas tus dedos cereales
y en su voz tu silencio entretenías.

Buscando abejas va por los panales
el silencio que ha muerto de repente
en su lengua de abejas torrenciales.

No espere ver tu párpado caliente
ni tu cara dulcísima y morena
bajo los dos solsticios de su frente.

El moribundo rostro de tu pena
se hiela y desendulza grado a grado
sin su labor de sol y de colmena.

Como una buena fiebre iba a tu lado,
como un rayo dispuesto a ser herida,
como un lirio de olor precipitado.

Y sólo queda ya de tanta vida
un cadáver de cera desmayada
y un silencio de abeja detenida.

¿Dónde tienes en esto la mirada
si no es descarriada por el suelo,
si no es por la mejilla trastornada?

Novia sin novio, novia sin consuelo,
te advierto entre barrancos y huracanes
tan extensa y tan sola como el cielo.

Corazón de relámpagos y afanes,
paginaba los libros de tus rosas,
apacentaba el hato de tus panes.

Ibas a ser la flor de las esposas,
y a pasos de relámpago tu esposo
se te va de las manos harinosas.

Echale, harina, un toro clamoroso
negro hasta cierto punto a tu menudo
vellón de lana blanco y silencioso.

A echar copos de harina yo te ayudo
y a sufrir por lo bajo, compañera,
viuda de cuerpo y de alma yo viudo.

La inaplacable muerte nos espera
como un agua incesante y malparida
a la vuelta de cada vidriera.

¡Cuántos amargos tragos es la vida!
Bebió él la muerte y tú la saboreas
y yo no saboreo otra bebida.

Retírate conmigo hasta que veas
con nuestro llanto dar las piedras grama,
abandonando el pan que pastoreas.

Levántate: te esperan tus zapatos
junto a los suyos muertos en tu cama,
y la lluviosa pena en sus retratos
desde cuyos presidios te reclama.

UN CARNIVORO CUCHILLO

Un carnívoro cuchillo
de ala dulce y homicida
sostiene un vuelo y un brillo
alrededor de mi vida.

Rayo de metal crispado
fulgentemente caído,
picotea mi costado
y hace en él un triste nido.

Mi sien, florido balcón
de mis edades tempranas,
negra está, y mi corazón,
y mi corazón con canas.

Tal es la mala virtud
del rayo que me rodea,
que voy a mi juventud
como la luna a la aldea.

Recojo con las pestañas
sal del alma y sal del ojo
y flores de telarañas
de mis tristezas recojo.

¿Adónde iré que no vaya
mi perdición a buscar?
Tu destino es de la playa
y mi vocación del mar.

Descansar de esta labor
de huracán, amor o infierno,
no es posible, y el dolor
me hará mi pesar eterno.

Pero al fin podré vencerte,
ave y rayo secular,
corazón que de la muerte
nadie ha de hacerme dudar.

Sigue, pues, sigue, cuchillo,
volando, hiriendo. Algún día
se pondrá el tiempo amarillo
sobre mi fotografía.

de VIENTO DEL PUEBLO

(1937)

VIENTOS DEL PUEBLO
ME LLEVAN

Vientos del pueblo me llevan,
vientos del pueblo me arrastran,
me esparcen el corazón
y me aventan la garganta.

Los bueyes doblan la frente,
imponentemente mansa,
delante de los castigos:
los leones la levantan
y al mismo tiempo castigan
con su clamorosa zarpa.

No soy de un pueblo de bueyes,
que soy de un pueblo que embargan
yacimiento de leones,
desfiladeros de águilas
y cordilleras de toros
con el orgullo en el asta.
Nunca medraron los bueyes
en los páramos de España.

¿Quién habló de echar un yugo
sobre el cuello de esta raza?
¿Quién ha puesto al huracán
jamás ni yugos ni trabas,
ni quién al rayo detuvo
prisionero en una jaula?
Asturianos de braveza,
vascos de piedra blindada,
valencianos de alegría
y castellanos de alma,
labrados como la tierra
y airosos como las alas;
andaluces de relámpagos,
nacidos entre guitarras
y forjados en los yunques
torrenciales de las lágrimas;
extremeños de centeno,
gallegos de lluvia y calma,
catalanes de firmeza,
aragoneses de casta,

murcianos de dinamita
frutalmente propagada,
leoneses, navarros, dueños
del hambre, el sudor y el hacha,
reyes de la minería,
señores de la labranza,
hombres que entre las raíces,
como raíces gallardas,
vais de la vida a la muerte,
vais de la nada a la nada:
yugos os quieren poner
gentes de la hierba mala,
yugos que habréis de dejar
rotos sobre sus espaldas.

Crepúsculo de los bueyes
está despuntando el alba.
Los bueyes mueren vestidos
de humildad y olor de cuadra:
las águilas, los leones
y los toros de arrogancia,
y detrás de ellos, el cielo
ni se enturbia ni se acaba.
La agonía de los bueyes
tiene pequeña la cara,
la del animal varón
toda la creación agranda.

Si me muero, que me muera
con la cabeza muy alta.

Muerto y veinte veces muerto,
la boca contra la grama,
tendré apretados los dientes
y decidida la barba.

Cantando espero a la muerte,
que hay ruiseñores que cantan
encima de los fusiles
y en medio de las batallas.

EL NIÑO YUNTERO

Carne de yugo, ha nacido
más humillado que bello,
con el cuello perseguido
por el yugo para el cuello.

Nace, como la herramienta,
a los golpes destinado,
de una tierra descontenta
y un insatisfecho arado.

Entre estiércol puro y vivo
de vacas, trae a la vida
un alma color de olivo
vieja ya y encallecida.

Empieza a vivir, y empieza
a morir de punta a punta
levantando la corteza
de su madre con la yunta.

Empieza a sentir, y siente
la vida como una guerra,
y a dar fatigosamente
en los huesos de la tierra.

Contar sus años no sabe,
y ya sabe que el sudor
es una corona grave
de sal para el labrador.

Trabaja, y mientras trabaja
masculinamente serio,
se unge de lluvia y se alhaja
de carne de cementerio.

A fuerza de golpes, fuerte,
y a fuerza de sol, bruñido,
con una ambición de muerte
despedaza un pan reñido.

Cada nuevo día es
más raíz, menos criatura,
que escucha bajo sus pies
la voz de la sepultura.

Y como raíz se hunde
en la tierra lentamente
para que la tierra inunde
de paz y panes su frente.

Me duele este niño hambriento
como una grandiosa espina,
y su vivir ceniciento
revuelve mi alma de encina.

Le veo arar los rastrojos,
y devorar un mendrugo,
y preguntar con los ojos
que por qué es carne de yugo.

Me da su arado en el pecho,
y su vida en la garganta,
y sufro viendo el barbecho
tan grande bajo su planta.

¿Quién salvará a este chiquillo
menor que un grano de avena?
¿De dónde saldrá el martillo
verdugo de esta cadena?

Que salga del corazón
de los hombre jornaleros,
que antes de ser hombres son
y han sido niños yunteros.

ELEGIA PRIMERA

(A Federico García Lorca, Poeta)

Atraviesa la muerte con herrumbrosas lanzas,
y en traje de cañón, las parameras
donde cultiva el hombre raíces y esperanzas,
y llueve sal, y esparce calaveras.

Verdura de las eras,
¿qué tiempo prevalece la alegría?
El sol pudre la sangre, la cubre de asechanzas
y hace brotar la sombra más sombría.

El dolor y su manto
vienen una vez más a nuestro encuentro.
Y una vez más al callejón del llanto
lluviosamente entro.

Siempre me veo dentro
de esta sombra de acíbar revocada,
amasada con ojos y bordones,
que un candil de agonía tiene puesto a la entrada
y un rabioso collar de corazones.

Llorar dentro de un pozo,
en la misma raíz desconsolada
del agua, del sollozo,
del corazón quisiera:
donde nadie me viera la voz ni la mirada,
ni restos de mis lágrimas me viera.

Entro despacio, se me cae la frente
despacio, el corazón se me desgarra
despacio, y despaciosa y negramente
vuelvo a llorar al pie de una guitarra.

Entre todos los muertos de elegía,
sin olvidar el eco de ninguno,
por haber resonado más en el alma mía,
la mano de mi llanto escoge uno.

Federico García
hasta ayer se llamó: polvo se llama.
Ayer tuvo un espacio bajo el día
que hoy el hoyo le da bajo la grama.

¡Tanto fue! ¡Tanto fuiste y ya no eres!
Tu agitada alegría
que agitaba columnas y alfileres,
de tus dientes arrancas y sacudes,
y ya te pones triste, y sólo quieres
ya al paraíso de los ataúdes.

Vestido de esqueleto,
durmiéndote de plomo,
de indiferencia armado y de respeto,
te veo entre tus cejas si me asomo.

Se ha llevado tu vida de palomo,
que ceñía de espuma
y de arrullos el cielo y las ventanas,
como raudal de pluma
el viento que se lleva las semanas.

Primo de las manzanas,
no podrá con tu savia la carcoma,
no podrá con tu muerte la lengua del gusano,
y para dar salud fiera a su poma
elegirá tus huesos el manzano.

Cegado el manantial de tu saliva,
hijo de la paloma,
nieto del ruiseñor y de la oliva:
serás, mientras la tierra vaya y vuelva.
esposo siempre de la siempreviva,
estiércol padre de la madreselva.

¡Qué sencilla es la muerte: qué sencilla,
pero qué injustamente arrebatada!
No sabe andar despacio, y acuchilla
cuando menos se espera su turbia cuchillada.

Tú, el más firme edificio, destruído,
tú, el gavilán más alto, desplomado,
tú, el más grande rugido,
callado, y más callado, y más callado.

Caiga tu alegre sangre de granado,
como un derrumbamiento de martillos feroces,
sobre quien te detuvo mortalmente.
Salivazos y hoces
caigan sobre la mancha de su frente.

Muere un poeta y la creación se siente
herida y moribunda en las entrañas.
Un cósmico temblor de escalofríos
mueve temiblemente las montañas,
un resplandor de muerte la matriz de los ríos.

Oigo pueblos de ayes y valles de lamentos,
veo un bosque de ojos nunca enjutos,
avenidas de lágrimas y mantos:
y en torbellinos de hojas y de vientos,
lutos tras otros lutos y otros lutos,
llantos tras otros llantos y otros llantos.

No aventarán, no arrastrarán tus huesos,
volcán de arrope, trueno de panales,
poeta entretejido, dulce, amargo,
que al calor de los besos
sentiste, entre dos largas hileras de puñales,
largo amor, muerte larga, fuego largo.

Por hacer a tu muerte compañía,
vienen poblando todos los rincones
del cielo y de la tierra bandadas de armonía,
relámpagos de azules vibraciones.
Crótalos granizados a montones,
batallones de flautas, panderos y gitanos,
ráfagas de abejorros y violines,
tormentas de guitarras y pianos,
irrupciones de trompas y clarines.

Pero el silencio puede más que tanto instrumento.
Silencioso, desierto, polvoriento
en la muerte desierta,
parece que tu lengua, que tu aliento,
los ha cerrado el golpe de una puerta.

Como si paseara con tu sombra,
paseo con la mía
por una tierra que el silencio alfombra,
que el ciprés apetece más sombría.

Rodea mi garganta tu agonía
como un hierro de horca
y pruebo una bebida funeraria.

Tú sabes, Federico García Lorca,
que soy de los que gozan una muerte diaria.

LIBERTAD

La libertad es algo
que sólo en tus entrañas
bate como el relámpago.

CANCION DEL ESPOSO SOLDADO

He poblado tu vientre de amor y sementera,
he prolongado el eco de sangre a que respondo
y espero sobre el surco como el arado espera:
he llegado hasta el fondo.

Morena de altas torres, alta luz y ojos altos,
esposa de mi piel, gran trago de mi vida,
tus pechos locos crecen hacia mi dando saltos
de cierva concebida.

Ya me parece que eres un cristal delicado,
temo que te me rompas al más leve tropiezo,
y a reforzar tus venas con mi piel de soldado
fuera como el cerezo.

Espejo de mi carne, sustento de mis alas,
te doy vida en la muerte que me dan y no tomo.
Mujer, mujer, te quiero cercado por las balas,
ansiado por el plomo.

Sobre los ataúdes feroces en acecho,
sobre los mismos muertos sin remedio y sin fosa
te quiero, y te quisiera besar con todo el pecho
hasta en el polvo, esposa.

Cuando junto a los campos de combate te piensa
mi frente que no enfría ni aplaca tu figura,
te acercas hacia mí como una boca inmensa
de hambrienta dentadura.

Escríbeme a la lucha siénteme en la trinchera:
aquí con el fusil tu nombre evoco y fijo,
y defiendo tu vientre de pobre que me espera,
y defiendo tu hijo.

Nacerá nuestro hijo con el puño cerrado,
envuelto en un clamor de victoria y guitarras,
y dejaré a tu puerta mi vida de soldado
sin colmillos ni garras.

Es preciso matar para seguir viviendo.
Un día iré a la sombra de tu pelo lejano.
Y dormiré en la sábana de almidón y de estruendo
cosida por tu mano.

Tus piernas implacables al parto van derechas,
y tu implacable boca de labios indomables,
y ante mi soledad de explosiones y brechas,
recorres un camino de besos implacables.

Para el hijo será la paz que estoy forjando.
Y al fin en un océano de irremediables huesos
tu corazón y el mío naufragarán, quedando
una mujer y un hombre gastados por los besos.

de CANCIONERO Y ROMANCERO

DE AUSENCIAS

(1938-1941)

TUS OJOS

Tus ojos parecen
agua removida.

¿Qué son?

Tus ojos parecen
el agua más turbia
de tu corazón.

¿Qué fueron?

¿Qué son?

EN EL FONDO DEL HOMBRE

En el fondo del hombre,
agua removida.

En el agua más clara,
quiero ver la vida.

En el fondo del hombre,
agua removida.

En el agua más clara,
sombra sin salida.

En el fondo del hombre,
agua removida.

EL SOL, LA ROSA Y EL NIÑO

El sol, la rosa y el niño
flores de un día nacieron.
Los de cada día son
soles, flores, niños nuevos.

Mañana no seré yo:
otro será el verdadero.
Y no seré más allá
de quien quiera su recuerdo.

Flor de un día es lo más grande
al pie de lo más pequeño.
Flor de la luz el relámpago,
y flor del instante el tiempo.

Entre las flores te fuiste.
Entre las flores me quedo.

BESARSE, MUJER

Besarse, mujer
al sol, es besarnos
en toda la vida.

Ascienden los labios
eléctricamente
vibrantes de rayos,
con todo el fulgor
de un sol entre cuatro.

Besarse a la luna,
mujer, es besarnos
en toda la muerte.

Descienden los labios
con toda la luna
pidiendo su ocaso,
gastada y helada
y en cuatro pedazos.

CUERPO DEL AMANECER

Cuerpo del amanecer:
flor de la carne florida.
Siento que no quiso ser
más allá de flor tu vida.

Corazón que en el tamaño
de un día se abre y se cierra.
La flor nunca cumple un año,
y lo cumple bajo tierra.

LLEGO CON TRES HERIDAS

Llegó con tres heridas:
la del amor,
la de la muerte,
la de la vida.

Con tres heridas viene:
la de la vida,
la del amor,
la de la muerte.

Con tres heridas yo:
la de la vida,
la de la muerte,
la del amor.

TRONCOS DE SOLEDAD

Troncos de soledad,
barrancos de tristeza
donde rompo a llorar.

Tus ojos se me van
de mis ojos y vuelven
después de recorrer
un páramo de ausentes.

Tu boca se me marcha
de mi boca y regresa
con varios besos muertos
que aún baten, que aún quisieran.

Tus brazos se desploman
en mis brazos y ascienden
retrocediendo ante esa
desolación que sientes.

Otero de tu cuerpo,
aún mi calor lo vence.

TRISTES GUERRAS

Tristes guerras
si no es amor la empresa.
Tristes, tristes.

Tristes armas
si no son las palabras.
Tristes, tristes.

Tristes hombres
si no mueren de amores.
Tristes, tristes.

92

FUE UNA ALEGRIA

Fue una alegría de una sola vez,
de esas que no son nunca más iguales,
El corazón, lleno de historias tristes,
fue arrebatado por las claridades.

Fue una alegría como la mañana,
que puso azul el corazón, y grande,
más comunicativo su latido,
más esbelta su cumbre aleteante.

Fue una alegría que dolió de tanto
encenderse, reírse, dilatarse.
Una mujer y yo la recogimos
desde un niño rodeado de su carne.

Fue una alegría en el amanecer
más virginal de todas las verdades.
Se inflamaban los gallos, y callaron
atravesados por su misma sangre.

Fue la primera vez de la alegría,
la sola vez de su total imagen.
Las otras alegrías se quedaron
como granos de arena entre los mares.

Fue una alegría para siempre sola,
para siempre dorada, destellante.
Pero es una tristeza para siempre,
porque apenas nacida fue a enterrarse.

MENOS TU VIENTRE

Menos tu vientre
todo es confuso.

Menos tu vientre
todo es futuro
fugaz, pasado
baldío, turbio.

Menos tu vientre
todo es oculto,
menos tu vientre
todo inseguro,
todo postrero,
polvo sin mundo.

Menos tu vientre
todo es oscuro,
menos tu vientre
claro y profundo.

AUSENCIA

Ausencia en todo veo:
tus ojos la reflejan.

Ausencia en todo escucho:
tu voz a tiempo suena.

Ausencia en todo aspiro:
tu aliento huele a hierba.

Ausencia en todo toco:
tu cuerpo se despuebla.

Ausencia en todo siento:
Ausencia. Ausencia. Ausencia

96

BESO SOY

(Antes del odio)

Beso soy, sombra por sombra.
Beso, dolor con dolor,
por haberme enamorado,
corazón sin corazón,
de las cosas, del aliento
sin sombra de la creación.
Sed con agua en la distancia,
pero sed alrededor.

Corazón en una copa
donde me lo bebo yo
y no se lo bebe nadie,
nadie sabe su sabor.
Odio, vida: ¡cuánto odio
sólo por amor!

97

No es posible acariciarte
con las manos que me dio
el fuego de más deseo,
el ansia de más ardor.

Varias alas, varios vuelos
abaten en ellas hoy
hierros que cercan las venas
y las muerden con rencor.
Por amor, vida, abatido,
pájaro sin remisión.
Sólo por amor odiado,
sólo por amor.

Amor, tu bóveda arriba
y yo abajo siempre, amor,
sin otra luz que estas ansias,
sin otra iluminación.
Mírame aquí encadenado,
escupido, sin calor
a los pies de la tiniebla
más súbita, más feroz
comiendo pan y cuchillo
como buen trabajador
y a veces cuchillo solo,
sólo por amor.

Todo lo que significa
golondrinas, ascensión,
claridad, anchura, aire,
decidido espacio, sol,
horizonte aleteante,
sepultado en un rincón.

Espesura, mar, desierto,
sangre, monte rodador,
libertades de mi alma
clamorosas de pasión,
desfilando por mi cuerpo,
donde no se quedan, no,
pero donde se despliegan,
sólo por amor.

Porque dentro de la triste
guirnalda del eslabón,
del sabor a carcelero
constante y a paredón,
y a precipicio en acecho,
alto, alegre, libre soy.
Alto, alegre, libre, libre,
sólo por amor.

No, no hay cárcel para el hombre.
No podrán atarme, no.
Este mundo de cadenas
mes es pequeño y exterior.
¿Quién encierra una sonrisa?
¿Quién amuralla una voz?

A lo lejos tú, más sola
que la muerte, la una y yo.
A lo lejos tú, sintiendo
en tus brazos mi prisión
en tus brazos donde late
la libertad de los dos.
Libre soy, siénteme libre.
Sólo por amor.

EL ULTIMO Y EL PRIMERO

El último y el primero:
rincón para el sol más grande,
sepultura de esta vida
donde tus ojos no caben.
Allí quisiera tenderme
para desenamorarme.
Por el olivo lo quiero,
lo percibo por la calle,
se sume por los rincones
donde se sumen los árboles.
Se ahonda y hace más honda
la intensidad de mi sangre.
Carne de mi movimiento,
huesos de ritmos mortales,
me muero por respirar
sobre vuestros ademanes.
Corazón que entre dos piedras
ansiosas de machacarle,
de tanto querer te ahogas
como un mar entre dos mares.
De tanto querer me ahogo,
y no me es posible ahogarme.
¿Qué hice para que pusieran
a mi vida tanta cárcel?

Tu pelo donde lo negro
ha sufrido las edades
de la negrura más firme,
y la más emocionante:
tu secular pelo negro
recorro hasta remontarme
a la negrura primera
de tus ojos y tus padres;
al rincón de pelo denso
donde relampagueaste.
Ay, el rincón de tu vientre;
el callejón de tu carne:
el callejón sin salida
donde agonicé una tarde.
La pólvora y el amor
marchan sobre las ciudades
deslumbrando, removiendo
la población de la sangre.
El naranjo sabe a vida
y el olivo a tiempo sabe
y entre el clamor de los dos
mi corazón se debate.
El último y el primero:
náufrago rincón, estanque
de saliva detenida
sobre su amoroso cauce.
Siesta que ha entenebrecido
el sol de las humedades.
Allí quisiera tenderme
para desenamorarme.
Después del amor, la tierra.
Después de la tierra, nadie.

ROPAS CON SU OLOR

Ropas con su olor,
paños con su aroma.

Se alejó en su cuerpo,
me dejó en sus ropas.

Lecho sin calor,
sábana de sombra.
Se ausentó en su cuerpo.
Se quedó en sus ropas.

NO QUISO SER

No quiso ser.

No conoció el encuentro
del hombre y la mujer.

El amoroso vello
no pudo florecer.

Detuvo sus sentidos
negándose a saber
y descendierón diáfanos
ante el amanecer.

Vio turbio su mañana
y se quedó en su ayer.

No quiso ser.

EL CEMENTERIO ESTA CERCA

El cementerio está cerca
de donde tú y yo dormimos,
entre nogales azules,
pitas azules y niños
que gritan vívidamente
si un muerto nubla el camino.

De aquí al cementerio, todo
es azul, dorado, límpido.
Cuatro pasos y los muertos.
Cuatro pasos y los vivos.

Límpido, azul y dorado,
se hace allí remoto el hijo.

COMO LA HIGUERA JOVEN

Como la higuera joven
de los barrancos eras.
Y cuando yo pasaba
sonabas en la sierra.

Como la higuera joven
resplandeciente y ciega.

Como la higuera eres.
Como la higuera vieja.
Y paso y me saludan
silencio y hojas secas.

Como la higuera eres
que el rayo envejeciera.

LLEGO TAN HONDO EL BESO

Llegó tan hondo el beso
que traspasó y emocionó los muertos.

El beso trajo un brío
que arrebató la boca de los vivos.

El hondo beso grande
sintió breves los labios al ahondarse.

El beso aquel que quiso
cavar los muertos y sembrar los vivos.

CADA VEZ MAS AUSENTE

Cada vez más ausente,
como si un tren lejano
te arrastrara más lejos.

Como si un negro barco
negro.

Cada vez más presente,
como si un tren querido
recorriera mi pecho.

Como si un tierno barco
tierno.

ESCRIBI EN EL ARENAL

Escribí en el arenal
los tres nombres de la vida:
vida, muerte, amor.

Una ráfaga de mar,
tantas claras veces ida,
vino y los borró.

TU ERES

Tu eres fatal ante la muerte.
Yo soy fatal ante la vida.
Yo siempre en pie quisiera verte.
Tú quieres verte siempre hundida.

LA LUCIERNAGA

La luciérnaga en celo
relumbra más.

La mujer sin el hombre
apagada va.

Apagado va el hombre
sin luz de mujer.

La luciérnaga en celo
se deja ver.

111

TODAS LAS CASAS SON OJOS

Todas las casas son ojos
que resplandecen y acechan.

Todas las casas son bocas
que escupen, muerden y besan.

Todas las casas son brazos
que se empujan y se estrechan.

De todas las casas salen
soplos de sombra y de selva.

En todas hay un clamor
de sangres insatisfechas.

Y a un grito todas las casas
se asaltan y se despueblan.

Y a un grito todas se aplacan,
y se fecundan, y esperan.

LLUEVE

Llueve. Los ojos se ahondan
buscando tus ojos, esos
dos ojos que se alejaron
a la sombra, cuenca adentro.
Mirada con horizontes
cálidos y fondos tiernos
íntimamente alentada
por un sol de íntimo fuego
que es en las pestañas negra
coronación de los sueños.
Mirada negra y dorada,
hecha de dardos directos,
signo de un alma en lo alto
de todo lo verdadero.

Llueve como si llorara
raudales un ojo inmenso,
un ojo gris, desangrado,
pisoteado en el cielo.

Llueve sobre tus dos ojos
negros, negros, negros, negros,
y llueve como si el agua
verdes quisiera volverlos.

¿Volverán a florecer?

Si a través de tantos cuerpos
que ya combaten la flor
renovaran su ascua... Pero
seguirán bajo la lluvia
para siempre, mustios, secos.

DEJAME QUE ME VAYA

Déjame que me vaya,
madre, a la guerra.
Déjame, blanca hermana,
novia morena.

¡Déjame!

Y después de dejarme
junto a las balas,
mándame a la trinchera
besos y cartas.

¡Mándame!

116

PALOMAR DEL ARRULLO

Palomar del arrullo
fue la habitación.
Provocabas palomas
con el corazón.

Palomar, palomar
derribado, desierto,
sin arrullo por nunca jamás.

DIME

Dime desde allá abajo
la palabra *te quiero*.
¿Hablas bajo la tierra?

Hablo con el silencio.
¿Quieres bajo la tierra?

Bajo la tierra quiero
porque hacia donde corras
quiere correr mi cuerpo.

Ardo desde allí abajo
y alumbro tus recuerdos.

18 DE JULIO 1936
18 DE JULIO 1938

Es sangre, no granizo, lo que azota mis sienes.
Son dos años de sangre: son dos inundaciones.
Sangre de acción solar, devoradora vienes,
hasta dejar sin nadie y ahogados los balcones.

Sangre que es el mejor de los mejores bienes.
Sangre que atesoraba para el amor sus dones.
Vedla enturbiando mares, sobrecogiendo trenes,
desalentando toros donde alentó leones.

121

El tiempo es sangre. El tiempo circula por mis venas.
Y ante el reloj y el alba me siento más que herido,
y oigo un chocar de sangres de todos los tamaños.

Sangre donde se puede bañar la muerte apenas:
fulgor emocionante que no ha palidecido,
porque lo recogieron mis ojos de mil años.

EL TREN DE LOS HERIDOS

Silencio que naufraga en el silencio
de las bocas cerradas de la noche.
No cesa de callar ni atravesado.
Habla el lenguaje ahogado de los muertos.

Silencio.

Abre caminos de algodón profundo,
amordaza las ruedas, los relojes,
detén la voz del mar, de la paloma:
emociona la noche de los sueños.

Silencio.

El tren lluvioso de la sangre suelta,
el frágil tren de los que se desangran,
el silencioso, el doloroso, el pálido,
el tren callado de los sufrimientos.

Silencio.

Tren de la palidez mortal que asciende:
la palidez reviste las cabezas,
el ¡ay! la voz, el corazón, la tierra,
el corazón de los que malhirieron.

Silencio.

123

Van derramando piernas, brazos, ojos,
van arrojando por el tren pedazos.
Pasan dejando rastros de amargura,
otra vía láctea de estelares miembros.

Silencio.

Ronco tren desmayado, enrojecido:
agoniza el carbón, suspira el humo,
y maternal la máquina suspira,
avanza como un largo desaliento.

Silencio.

Detenerse quisiera bajo un túnel
la larga madre, sollozar tendida.

No hay estaciones donde detenerse,
si no no es el hospital, si no es el pecho.

Para vivir, con un pedazo basta:
en un rincón de carne cabe un hombre.
Un dedo sólo, un trozo sólo de ala
alza el vuelo total de todo un cuerpo.

Silencio.

Detened ese tren agonizante
que nunca acaba de cruzar la noche.
Y se queda descalzo hasta el caballo,
y enarena los cascos y el aliento.

CARTA

El palomar de las cartas
abre su imposible vuelo
desde las trémulas mesas
donde se apoya el recuerdo,
la gravedad de la ausencia,
el corazón, el silencio.

Oigo un latido de cartas
navegando hacia su centro.

Donde voy, con las mujeres
y con los hombres me encuentro,
malheridos por la ausencia,
desgastados por el tiempo.

Cartas, relaciones, cartas:
tarjetas postales, sueños,
fragmentos de la ternura
proyectados en el cielo,
lanzados de sangre a sangre
y de deseo a deseo.

*Aunque bajo la tierra
mi amante cuerpo esté,
escríbeme a la tierra
que yo te escribiré.*

En un rincón enmudecen
cartas viejas, sobres viejos,
con el color de la edad
sobre la escritura puesto.
Allí perecen las cartas
llenas de estremecimientos.
Allí agoniza la tinta
y desfallecen los pliegos,
y el papel se agujerea
como un breve cementerio
de las pasiones de antes,
de los amores de luego.

*Aunque bajo la tierra
mi amante cuerpo esté,
escríbeme a la tierra
que yo te escribiré.*

Cuando te voy a escribir
se emocionan los tinteros:
los negros tinteros fríos
se ponen rojos y trémulos,
y un claro calor humano
sube desde el fondo negro.
Cuando te voy a escribir,
te van a escribir mis huesos:
te escribo con la imborrable
tinta de mi sentimiento.
Allá va mi carta cálida,
paloma forjada al fuego,
con las dos alas plegadas
y la dirección en medio.
Ave que sólo persigue,
para nido y aire y cielo,
carne, manos, ojos tuyos,
y el espacio de tu aliento.
Y te quedarás desnuda
dentro de tus sentimientos,
sin ropa, para sentirla
del todo contra tu pecho.

*Aunque bajo la tierra
mi amante cuerpo esté,
escríbeme a la tierra
que yo te escribiré.*

Ayer se quedó una carta
abandonada y sin dueño,
volando sobre los ojos
de alguien que perdió su cuerpo.
Cartas que se quedan vivas
hablando para los muertos:
papel anhelando, humano,
sin ojos que puedan verlo.

Mientras los colmillos crecen,
cada vez más cerca siento
la leve voz de tu carta
igual que un clamor inmenso.
La recibiré dormido,
si no es posible despierto.

Y mis heridas serán
los derramados tinteros,
las bocas estremecidas
de rememorar tus besos,
y con su inaudita voz
han de repetir: *te quiero.*

LAS CÁRCELES

I

Las cárceles se arrastran por la humedad del mundo,
van por la tenebrosa vía de los juzgados:
buscan a un hombre, buscan a un pueblo, lo persiguen,
lo absorben, se lo tragan.

No se ve, no se escucha la pena de metal,
el sollozo del hierro que atropellan y escupen:
el llanto de la espada puesta sobre los jueces
de cemento fangoso.

Allí, bajo la cárcel, la fábrica del llanto,
el telar de la lágrima que no ha de ser estéril,
el casco de los odios y de las esperanzas,
fabrican, tejen, hunden.

Cuando están las perdices más roncas y acopladas,
y el azul amoroso de fuerzas expansivas,
un hombre hace memoria de la luz, de la tierra,
húmedamente negro.

Se da contra las piedras la libertad, el día,
el paso galopante de un hombre, la cabeza,
la boca con espuma, con decisión de espuma,
la libertad, un hombre.

Un hombre que cosecha y arroja todo el viento
desde su corazón donde crece un plumaje:
un hombre que es el mismo dentro de cada frío,
de cada calabozo.

Un hombre que ha soñado con las aguas del mar,
y destroza sus alas como un rayo amarrado,
y estremece las rejas, y se clava los dientes
en los dientes de trueno.

II

Aquí no se pelea por un buey desmayado,
sino por un caballo que ve pudrir sus crines,
y siente sus galopes debajo de los cascos
pudrirse airadamente.

Limpiad el salivazo que lleva en la mejilla,
y desencadenad el corazón del mundo,
y detened las fauces de las voraces cárceles
donde el sol retrocede.

La libertad se pudre desplumada en la lengua
de quienes son sus siervos más que sus poseedores.
Romped esas cadenas, y las otras que escucho
detrás de esos esclavos.

Esos que sólo buscan abandonar su cárcel,
su rincón, su cadena, no la de los demás.
Y en cuanto lo consiguen, descienden pluma y pluma,
enmohecen, se arrastran.

Son los encadenados por siempre desde siempre.
Ser libre es una cosa que sólo un hombre sabe:
sólo el hombre que advierto dentro de esa mazmorra
como si yo estuviera.

Cierra las puertas, echa la aldaba, carcelero.
Ata duro a ese hombre: no le atarás el alma.
Son muchas llaves, muchos cerrojos, injusticias:
no le atarás el alma.

Cadenas, sí: cadenas de sangre necesita.
Hierros venenosos, cálidos, sanguíneos eslabones,
nudos que no rechacen a los nudos siguientes
humanamente atados.

Un hombre aguarda dentro de un pozo sin remedio,
tenso, conmocionado, con la oreja aplicada.
Porque un pueblo ha gritado ¡libertad! , vuela el cielo.
Y las cárceles vuelan.

EL HERIDO

Para el muro de un hospital de sangre.

I

Por los campos luchados se extienden los heridos.
Y de aquella extensión de cuerpos luchadores
salta un trigal de chorros calientes, extendidos
en roncos surtidores.

La sangre llueve siempre boca arriba, hacia el cielo.
Y las heridas suenan igual que caracolas,
cuando hay en las heridas celeridad de vuelo,
esencia de las olas.

Herido estoy, miradme: necesito más vidas.
La que contengo es poca para el gran cometido
de sangre que quisiera perder por las heridas.
Decid quién no fue herido.

La sangre huele a mar, sabe a mar y a bodega.
La bodega del mar, del vino bravo, estalla
allí donde el herido palpitante se anega,
y florece y se halla.

Mi vida es una herida de juventud dichosa.
¡Ay de quien no esté herido, de quien jamás se siente
herido por la vida, ni en la vida reposa
herido alegremente!

133

Si hasta a los hospitales se va con alegría,
se convierten en huertos de heridas entreabiertas,
de adelfos florecidos ante la cirugía
de ensangrentadas puertas.

II

Para la libertad sangro, lucho, pervivo,
Para la libertad, mis ojos y mis manos,
como un árbol carnal, generoso y cautivo,
doy a los cirujanos.

Para la libertad siento más corazones
que arenas en mi pecho: dan espumas mis venas,
y entro en los hospitales, y entro en los algodones
como en las azucenas.

Para la libertad me desprendo a balazos
de los que han revolcado su estatua por el lodo.

Y me desprendo a golpes de mis pies, de mis brazos,
de mi casa, de todo.

Porque donde unas cuencas vacías amanezcan,
ella pondrá dos piedras de futura mirada
y hará que nuevos brazos y nuevas piernas crezcan
en la carne talada.

Retoñarán aladas de savia sin otoño
reliquias de mi cuerpo que pierdo en cada herida.
Porque soy como el árbol talado, que retoño:
porque aún tengo la vida.

ULTIMOS POEMAS

(1938-1941)

100   Beso

brazos his

ausencia 96

Jon 43

Paloma 117

YO NO QUIERO MAS LUZ QUE TU CUERPO ANTE EL MIO

Yo no quiero más luz que tu cuerpo ante el mío:
claridad absoluta, transparencia redonda,
limpidez cuya entraña, como el fondo del río,
con el tiempo se afirma, con la sangre se ahonda.

¿Qué lucientes materias duraderas te han hecho,
corazón de alborada, carnación matutina?
Yo no quiero más día que el que exhala tu pecho.
Tu sangre es la mañana que jamás se termina.

No hay más luz que tu cuerpo, no hay más sol: todo ocaso.
Yo no veo las cosas a otra luz que tu frente.
La otra luz es fantasma, nada más, de tu paso.
Tu insondable mirada nunca gira al poniente.

Claridad sin posible declinar. Suma esencia
del fulgor que ni cede ni abandona la cumbre.
Juventud. Limpidez. Claridad. Transparencia
acercando los astros más lejanos de lumbre.

Claro cuerpo moreno de calor fecundante.
Hierba negra el origen; hierba negra las sienes.
Trago negro los ojos, la mirada distante.
Día azul. Noche clara. Sombra clara que vienes.

Yo no quiero más luz que tu sombra dorada
donde brotan anillos de una hierba sombría.
En mi sangre, fielmente por tu cuerpo abrasada,
para siempre es de noche: para siempre es de día.

HIJO DE LA LUZ Y LA SOMBRA

I

(Hijo de la sombra)

Eres la noche, esposa: la noche en el instante
mayor de su potencia lunar y femenina.
Eres la medianoche: la sombra culminante
donde culmina el sueño, donde el amor culmina.

Forjado por el día, mi corazón que quema
lleva su gran pisada de sol a donde quieres,
con un sólido impulso, con una luz suprema,
cumbre de las mañanas y los atardeceres.

Daré sobre tu cuerpo cuando la noche arroje
su avaricioso anhelo de imán y poderío.
Un astral sentimiento febril me sobrecoge,
incendia mi osamenta con un escalofrío.

El aire de la noche desordena tus pechos,
y desordena y vuelca los cuerpos con su choque.
Como una tempestad de enloquecidos lechos,
eclipsa las parejas, las hace un solo bloque.

La noche se ha encendido como una sorda hoguera
de llamas minerales y oscuras embestidas.
Y alrededor la sombra late como si fuera
las almas de los pozos y el vino difundidas.

Ya la sombra es el nido cerrado, incandescente,
la visible ceguera puesta sobre quien ama;
ya provoca el abrazo cerrado, ciegamente,
ya recoge en sus cuevas cuanto la luz derrama.

La sombra pide, exige seres que se entrelacen,
besos que la constelen de relámpagos largos,
bocas embravecidas, batidas, que atenacen,
arrullos que hagan música de sus mudos letargos.

Pide que nos echemos tú y yo sobre la manta,
tú y yo sobre la luna, tú y yo sobre la vida.
Pide que tú y yo ardamos fundiendo en la garganta,
con todo el firmamento, la tierra estremecida.

140

El hijo está en la sombra que acumula luceros,
amor, tuétano, luna, claras oscuridades.
Brota de sus perezas y de sus agujeros,
y de sus solitarias y apagadas ciudades.

El hijo está en la sombra: de la sombra ha surtido,
y a su origen infunden los astros una siembra,
un zumo lácteo, un flujo de cálido latido,
que ha de obligar sus huesos al sueño y a la hembra.

Moviendo está la sombra sus fuerzas siderales,
tendiendo está la sombra su constelada umbría,
volcando las parejas y haciéndolas nupciales.
Tú eres la noche, esposa. Yo soy el mediodía.

II

(Hijo de la luz)

Tú eres el alba, esposa: la principal penumbra,
recibes entornadas las horas de tu frente.
Decidido al fulgor, pero entornado, alumbra
tu cuerpo. Tus entrañas forjan el sol naciente.

Centro de claridades, la gran hora te espera
en el umbral de un fuego que el fuego mismo abrasa:
te espero yo, inclinado como el trigo a la era,
colocando en el centro de la luz nuestra casa.

La noche desprendida de los pozos oscuros,
se sumerge en los pozos donde ha echado raíces.

Y tú te abres al parto luminoso, entre muros
que se rasgan contigo como pétreas matrices.

La gran hora del parto, la más rotunda hora:
estallan los relojes sintiendo tu alarido,
se abren todas las puertas del mundo, de la aurora,
y el sol nace en tu vientre, donde encontró su nido.

El hijo fue primero sombra y ropa cosida
por tu corazón hondo desde tus hondas manos.
Con sombras y con ropas anticipó su vida.
Con sombras y con ropas de gérmenes humanos.

Las sombras y las ropas sin población, desiertas,
se han poblado de un niño sonoro, un movimiento,
que en nuestra casa pone de par en par las puertas,
y ocupa en ella a gritos el luminoso asiento.

¡Ay, la vida: qué hermoso penar tan moribundo!
Sombras y ropas trajo la del hijo que nombras.
Sombras y ropas llevan los hombres por el mundo.
Y todos dejan siempre sombras: ropas y sombras.

Hijo del alba eres, hijo del mediodía.
Y ha de quedar de ti luces en todo impuestas,
mientras tu madre y yo vamos a la agonía,
dormidos y despiertos con el amor a cuestas.

Hablo, y el corazón me sale en el aliento.
Si no hablara lo mucho que quiero me ahogaría.
Con espliego y resinas perfumo tu aposento.
Tú eres el alba, esposa. Yo soy el mediodía.

III

Tejidos en el alba, grabados, dos panales
no pueden detener la miel en los pezones.
Tus pechos en el alba: maternos manantiales,
luchan y se atropellan con blancas efusiones.

Se han desbordado, esposa, lunarmente tus venas,
hasta inundar la casa que tu sabor rezuma.
Y es como si brotaras de un pueblo de colmenas,
tú toda una colmena de leche con espuma.

Es como si tu sangre fuera dulzura toda,
laboriosas abejas filtradas por tus poros.
Oigo un clamor de leche, de inundación, de boda
junto a ti, recorrida por caudales sonoros.

Caudalosa mujer: en tu vientre me entierro.
Tu caudaloso vientre será mi sepultura.
Si quemaran mis huesos con la llama del hierro,
verían qué grabada llevo allí tu figura.

Para siempre fundidos en el hijo quedamos:
fundidos como anhelan nuestras ansias voraces:
en un ramo de tiempo, de sangre, los dos ramos,
en un haz de caricias, de pelo, los dos haces.

Los muertos, con un fuego congelado que abrasa,
laten junto a los vivos de una manera terca.

Viene a ocupar el hijo los campos y la casa
que tú y yo abandonamos quedándonos muy cerca.

Haremos de este hijo generador sustento,
y hará de nuestra carne materia decisiva:
donde sienten su alma las manos y el aliento,
las hélices circulen, la agricultura viva.

El hará que esta vida no caiga derribada,
pedazo desprendido de nuestros dos pedazos,
que de nuestras dos bocas hará una sola espada
y dos brazos eternos de nuestros cuatro brazos.

No te quiero en ti sola: te quiero en tu ascendencia
y en cuanto de tu vientre descenderá mañana.
Porque la especie humana me han dado por herencia,
la familia del hijo será la especie humana.

Con el amor a cuestas, dormidos y despiertos,
seguiremos besándonos en el hijo y profundo.
Besándonos tú y yo se besan nuestros muertos,
se besan los primeros pobladores del mundo.

NANAS DE LA CEBOLLA

*(Dedicadas a su hijo, a raíz de recibir una
carta de su mujer, en la que le decía que no
comía más que pan y cebolla.)*

La cebolla es escarcha
cerrada y pobre.
Escarcha de tus días
y de mis noches.
Hambre y cebolla,
hielo negro y escarcha
grande y redonda.

En la cuna del hambre
mi niño estaba.
Con sangre de cebolla
se amamantaba.
Pero tu sangre,
escarchada de azúcar,
cebolla y hambre.

Una mujer morena
resuelta en luna
se derrama hilo a hilo
sobre la cuna.
Ríete, niño,
que te traigo la luna
cuando es preciso.

Alondra de mi casa,
ríete mucho.
Es tu risa en tus ojos
la luz del mundo.
Ríete tanto
que mi alma al oírte
bata el espacio.

Tu risa me hace libre,
me pone alas.
Soledades me quita,
cárcel me arranca.
Boca que vuela,
corazón que en tus labios
relampaguea.

Es tu risa la espada
más victoriosa,
vencedor de las flores
y las alondras
Rival del sol.
Porvenir de mis huesos
y de mi amor.

La carne aleteante,
súbito el párpado,
el vivir como nunca
coloreado.
¡Cuánto jilguero
se remonta, aletea,
desde tu cuerpo!

Desperté de ser niño:
nunca despiertes.
Triste llevo la boca:
ríete siempre.
Siempre en la cuna,
defendiendo la risa
pluma por pluma.

Ser de vuelo tan lato,
tan extendido,
que tu carne es el cielo
recién nacido.

¡Si yo pudiera
remontarme al origen
de tu carrera!

Al octavo mes ríes
con cinco azahares.
Con cinco diminutas
ferocidades.
Con cinco dientes
como cinco jazmines
adolescentes.

Frontera de los besos
serán mañana,
cuando en la dentadura
sientas un arma.
Sientas un fuego
correr dientes abajo
buscando el centro.

Vuela niño en la doble
luna del pecho:
él, triste de cebolla,
tú, satisfecho.
No te derrumbes.
No sepas lo que pasa
ni lo que ocurre.

SEPULTURA DE LA IMAGINACION

Un albañil quería. . .No le faltaba aliento.
Un albañil quería, piedra tras piedra, muro
tras muro, levantar una imagen al viento
desencadenador en el futuro.

Quería un edificio capaz de lo más leve.
No le faltaba aliento. ¡Cuánto aquel ser quería!
Piedras de plumas, muros de pájaros los mueve
una imaginación al mediodía.

149

Reía. Trabajaba. Cantaba. De sus brazos,
con un poder más alto que el ala de los truenos,
iban brotando muros lo mismo que aletazos.
Pero los aletazos duran menos.

Al fin, era la piedra su agente. Y la montaña
tiene valor de vuelo si es totalmente activa.
Piedra por piedra es peso y hunde cuanto acompaña
aunque esto sea un mundo de ansia viva.

Un albañil quería. . .Pero la piedra cobra
su torva densidad brutal en un momento.
Aquel hombre labraba su cárcel. Y en su obra
fueron precipitados él y el viento.

OTROS POEMAS

GOZAR Y NO MORIRSE DE CONTENTO

Gozar, y no morirse de contento,
sufrir, y no vencerse en el sollozo:
¡oh qué ejemplar severidad del gozo
y qué serenidad del sufrimiento!

Dar a la sombra el estremecimiento,
si a la luz el brocal del alborozo,
y llorar tierra adentro como el pozo,
siendo al aire un sencillo monumento.

Anda que te andarás, ir por la pena,
pena adelante, a penas y alegrías
sin demostrar fragilidad ni un tanto.

¡Oh la luz de mis ojos qué serena!:
¡qué agraciado en su centro encontrarías
el desgraciado alrededor del llanto!

ENCUENTRO

Si te perdiera...
Si te encontrara...
bajo la tierra...
bajo la tierra
del cuerpo mío,
siempre sedienta.

YO TE AGRADEZCO LA INTENCION

Yo te agradezco la intención, hermana,
la buena voluntad con que me asiste
tu alegría ejemplar; pero, desiste
por Dios: hoy no me abras la ventana.

Por Dios, hoy no me abras la ventana
de la sonrisa, hermana, que estoy triste,
lo mismo que un canario sin alpiste,
dentro de la prisión de la mañana.

La pena, amor, mi tía y tu sobrina,
hija del alma y prima de la vena,
la paz de mis retiros desordena
mandándome a la angustia, su vecina.

La postura y el ánimo me inclina;
y en la tierra doy siempre menos buena,

TODO ESTA LLENO DE TI

Aunque tú no estás, mis ojos
de ti, de todo, están llenos.
No has nacido sólo a un alba,
sólo a un ocaso no he muerto.
El mundo lleno de ti
y nutrido el cementerio
de mí, por todas las cosas,
de los dos, por todo el pueblo.
En las calles voy dejando
algo que voy recogiendo:
pedazos de vida mía
perdidos desde muy lejos.

Libre soy en la agonía
y encarcelado me veo
en los radiantes umbrales,
radiantes de nacimientos.
Todo está lleno de mí:
de algo que es tuyo y recuerdo
perdido, pero encontrado
alguna vez, algún tiempo.
Tiempo que se queda atrás
decididamente negro,
indeleblemente rojo,
dorado sobre tu cuerpo.
Todo está lleno de ti,
traspasado de tu pelo:
de algo que no he conseguido
y que busco entre tus huesos.

CADA VEZ QUE TE VEO

Cada vez que te veo entre las flores
de los huertos de marzo sobre el río,
ansias me dan de hacer un píopío
al modo de los puros ruy-señores.

Al modo de los puros ruy-señores
dedicarte quisiera el amor mío,
requerirte cantando hasta el estío,
donde me amordazaran tus amores.

Demasiado mayor que tu estatura,
al coger por los huertos una poma
demasiado mayor que tu apetito:

demasiado rebelde a la captura,
hacia ti me conduzco por tu aroma
demasiado menor que chiquitito.

159

GUERRA

La vejez en los pueblos.
El corazón sin dueño.
El amor sin objeto.
La hierba, el polvo, el cuervo.
¿Y la juventud?
En el ataúd.
El árbol solo y seco.
La mujer como un leño
de viudez sobre el lecho.
El odio sin remedio.
¿Y la juventud?
En el ataúd.

MI CORAZON NO PUEDE CON LA CARGA

Mi corazón no puede con la carga
de su amorosa y lóbrega tormenta
y hasta mi lengua eleva la sangrienta
especie clamorosa que lo embarga.

Ya es corazón mi lengua lenta y larga,
mi corazón ya es lengua larga y lenta...
¿Quieres contar sus penas? Anda y cuenta
los dulces granos de la arena amarga.

Mi corazón no puede más de triste:
con el flotante espectro de un ahogado
vuela en la sangre y se hunde sin apoyo.

Y ayer, dentro del tuyo, me escribiste
que de nostalgia tienes inclinado
medio cuerpo hacia mí, medio hacia el hoyo.

DESPUES DEL AMOR

No pudimos ser. La tierra
no pudo tanto. No somos
cuanto se propuso el sol
en un anhelo remoto.
Un pie se acerca a lo claro,
en lo oscuro insiste el otro.

Porque el amor no es perpetuo
en nadie, ni en mí tampoco.
El odio aguarda un instante
dentro del carbón más hondo.
Rojo es el odio y nutrido.
El amor, pálido y solo.
Cansado de odiar, te amo.
Cansado de amar, te odio.
Llueve tiempo, llueve tiempo.
Y un día triste entre todos,
triste por toda la tierra,
triste desde mí hasta el lobo,
dormimos y despertamos
con un tigre entre los ojos.
Piedras, hombres como piedras,
duros y plenos de encono,
chocan en el aire, donde
chocan las piedras de pronto.
Soledades que hoy rechazan
y ayer juntaban sus rostros.
Soledades que en el beso
guardan el rugido sordo.
Soledades para siempre.
Soledades sin apoyo.
Cuerpos como un mar voraz,
entrechocando, furioso.
Solitariamente atados
por el amor, por el odio.
Por las venas surgen hombres,
cruzan las ciudades, sordos.

En el corazón arraiga
solitariamente todo.
Huellas sin campaña quedan
como en el agua, en el fondo.
Sólo una voz, a lo lejos,
siempre a lo lejos la oigo,
acompaña y hace ir
igual que el cuello a los hombros.
Sólo una voz me arrebata
este armazón espinoso
de vello retrocedido
y erizado que me pongo.
Los secos vientos no pueden
secar los mares jugosos.
Y el corazón permanece
fresco en su cárcel de agosto,
porque esa voz es el alma
más tierna de los arroyos.
"Mi fiel: me acuerdo de ti
después del sol y del polvo,
antes de la misma luna,
tumba de un sueño amoroso."
Amor: aleja mi ser
de sus primeros escombros,
y edificándome, dicta
una verdad como un soplo.
Después del amor, la tierra.
Después de la tierra, todo.

NO ES EL MISMO

El mundo es como aparece
ante mis cinco sentidos,
y ante los tuyos que son
las orillas de los míos.
El mundo de los demás,
no es el nuestro: no es el mismo.
Lecho del agua que soy,
tú, los dos, somos el río
donde cuando más profundo
se ve más despacio y límpido.

Imágenes de la vida:
a la vez las recibimos,
nos reciben entregadas
más unidamente a un ritmo.
Pero las cosas se forman
con nuestros propios delirios.
El aire tiene el tamaño
del corazón que respiro
y el sol es como la luz
con que yo le desafío.
Ciegos para los demás,
oscuros siempre remisos,
miramos siempre hacia adentro,
vemos desde lo más íntimo.
Trabajo y amor me cuesta
conmigo así, ver contigo:
aparecer, como el agua
con la arena, siempre unidos.
Nadie me verá del todo
ni es nadie como lo miro.
Somos algo más que vemos,
algo menos que inquirimos.
Algún suceso de todos
pasa desapercibido.
Nadie nos ha visto. A nadie
ciegos de ver, hemos visto.

NO ME CONFORMO, NO

No me conformo, no: me desespero
como si fuera un huracán de lava
en el presidio de una almendra esclava
o en el penal colgante de un jilguero.

Besarte fue besar un ávispero
que me clava al tormento y me desclava
y cava un hoyo fúnebre y lo cava
dentro del corazón donde me muero.

No me conformo, no: ya es tanto y tanto
idolatrar la imagen de tu beso
y perseguir el curso de tu aroma.

Un enterrado vivo por el llanto,
una revolución dentro de un hueso,
un rayo soy sujeto a una redoma.

VIERTO LA RED

Vierto la red, esparzo la semilla
entre ovas, aguas, surcos y amapolas,
sembrando a secas y pescando a solas
de corazón ansioso y de mejilla.

Espero a que recaiga en esta arcilla
la lluvia con sus crines y sus colas,
relámpagos sujetos a las olas
desesperado espero en esta orilla.

Pero transcurren lunas y más lunas,
aumenta de mirada mi deseo
y no crezco en espigas o en pescados.

Lunas de perdición como ningunas,
porque sólo recojo y sólo veo
piedras como diamantes eclipsados.

168

AL DERRAMAR TU VOZ SU MANSEDUMBRE

Al derramar tu voz su mansedumbre
de miel bocal, y al puro bamboleo,
en mis terrestres manos el deseo
sus rosas pone al fuego de costumbre.

Exasperado llego hasta la cumbre
de tu pecho de isla, y lo rodeo
de un ambicioso mar y un pataleo
de exasperados pétalos de lumbre.

Pero tú te defiendes con murallas
de mis alteraciones codiciosas
de sumergirte en tierras y océanos.

Por piedra pura, indiferente, callas:
calla de piedra, que otras y otras rosas
me pones y me pones en las manos.

169

CANCION ULTIMA

Pintada, no vacía:
pintada está mi casa
del color de las grandes
pasiones y desgracias.

Regresará del llanto
adonde fue llevada
con su desierta mesa,
con su ruinosa cama.

Florecerán los besos
sobre las almohadas.

Y en torno de los cuerpos
elevará la sábana
su inmensa enredadera
nocturna, perfumada.

El odio se amortigua
detrás de la ventana.
Será la garra suave.
Dejadme la esperanza.

CANTAR

Es la casa un palomar
y la cama un jazminero.
Las puertas de par en par
y en el fondo el mundo entero.

El hijo, tu corazón
madre que se ha engrandecido.
Dentro de la habitación
todo lo que ha florecido.

El hijo te hace un jardín,
y tú has hecho el hijo, esposa,
la habitación del jazmín,
el palomar de la rosa.

Alrededor de tu piel
ato y desato la mía.
Un mediodía de miel
rezumas: un mediodía.

¿Quién en esta casa entró
y la apartó del desierto?
Para que me acuerde yo
alguien que soy yo y ha muerto.

Viene la luz más redonda
a los almendros más blancos.
La vida, la luz se ahonda
entre muertos y barrancos.

Venturoso es el futuro,
como aquellos horizontes
de pórfido y mármol puro
donde respiran los montes.

Arde la casa encendida
de besos y sombra amante.
No puede pasar la vida
más honda y emocionante.

Desbordadamente sorda
la leche alumbra tus huesos.

INDICE

174

De EL HOMBRE ACECHA

De ULTIMOS POEMAS

OTROS POEMAS

EDICION 3,000 EJEMPLARES
JUNIO 1996.
IMPRESOS DE ALBA
FERROCARRIL DE RIO FRIO No. 374
COL. AGRICOLA ORIENTAL